AF321408

EDMOND-JEAN-MARIE

DURNERIN

ET

MARIE-EULALIE-JULIE

TANSARD

12 *Mai* 1888

EDMOND-JEAN-MARIE

DURNERIN

ET

MARIE-EULALIE-JULIE

TANSARD

12 *Mai* 1888

La lecture attentive du récit de la création, tel que nous l'a laissé Moïse, conduit à une remarque, singulière peut-être mais qui me semble fournir une utile matière aux conseils que l'Église donne à ses enfants, quand ils viennent lui demander la consécration de leur mariage. Je lui emprunte aujourd'hui le sujet de ce discours et vous y trouverez, vous-mêmes, l'enseignement dont vous avez besoin.

A mesure que les êtres sortent de ses mains puissantes, le Créateur semble les contempler avec complaisance et, quel que soit le degré de leur dignité, il les proclame bons, saluant ainsi son œuvre depuis le premier des jours de la Genèse jusqu'au dernier.

Or, la plus parfaite de ses créatures, l'homme créé cependant à l'image et à la ressemblance du Maître, n'a pas l'honneur de ce témoignage et la voix divine reste muette devant son chef-d'œuvre. C'est que l'homme n'est pas complet au premier jour de la création. Dieu lui-même le reconnaît lorsque, le suivant de son regard dans le lieu de délices où il l'a placé, il prononce sur lui ces mots : « Il n'est pas bon que l'homme soit seul, faisons-lui un aide semblable à lui » !

Ces paroles et la seconde bénédiction qui les accompagna sont, avec la promesse du Messie, les seuls biens que nos premiers parents aient emportés du Paradis terrestre. Vous les trouverez aujourd'hui devant vous, au jour de vos noces chrétiennes, et ce sont elles qui, recueillies par l'Église leur fidèle dépositaire, vont consacrer et sanctifier votre union.

Sans doute ces paroles se placent tout d'abord, entre vous deux, comme un sacrement, c'est-à-dire comme une source de grâce divine, mais elles s'imposent aussi à votre vie tout entière comme un enseignement

C'est Dieu lui-même qui le dit au premier mariage du monde : « Vous vous serez en aide l'un à l'autre » et c'est pour cela, ajoute le texte sacré, que « l'homme quittera son père et sa mère pour s'attacher à son épouse et qu'ils seront deux dans une même chair ».

Laissez-moi, Chers Époux, vous parler en quelques mots de ce lien fort et charmant qui se forme en ce moment entre vous, vous dire quelques-unes de ses qualités et vous prédire quelques-uns de ses bienfaits.

Le mot qui l'exprime a été profané par le monde, qui le promène partout dans ses futiles jugements et dans son langage plus futile encore. En effet, le nom du dévouement vient à chaque instant sur ses lèvres, mais le dévouement ne réside presque jamais dans son cœur. Je parle ici du monde qui s'est éloigné de la foi et qui, séparé volontairement de toute idée surnaturelle, en est venu à tout rabaisser, surtout ses tristes et frivoles unions.

Pour vous, Chers Époux, vous en parlerez beaucoup moins, mais vous le pratiquerez davantage. Entre vous deux le dévouement sera constant. L'Église, pour vous en communiquer la grâce, le puise aujourd'hui

à sa source féconde. Descendu du cœur même de
de Dieu, il va pénétrer et sanctifier vos âmes et faire de
votre mariage une de ces sociétés aimables et respec-
tées dont l'Esprit-Saint lui-même a voulu chanter la
gloire et qui, aux temps reculés des Patriarches, ré-
pandaient autour d'eux une majesté dont le reflet n'est
pas encore disparu. « Votre épouse, disait le roi Pro-
phète plus rapproché que nous de ces grandes unions,
votre épouse est comme une vigne plantée au flanc de
votre maison, vos enfants sont brillants comme les
rejetons de l'olivier... et c'est ainsi que sera béni
l'homme qui craint le Seigneur. »

Vous vous dévouerez donc l'un à l'autre d'une
manière constante. Dans le monde, rien de plus fra-
gile que les sentiments qui semblent même les meil-
leurs. Dans la maison chrétienne, au contraire, tout
est stable et fort. Voyez, du reste, de quel ciment
nous unissons aujourd'hui vos âmes. C'est le sang de
Jésus-Christ qui se fait votre lien. Aussi l'affection,
entre vous, sera fidèle. Si vos jours se poursuivent
dans la tranquille possession du bonheur, vous les
traverserez ensemble, remerciant Dieu dans une commune prière. Nous souhaitons qu'il en soit ainsi et

que le dévouement vous demeure facile dans une vie dont les horizons ne s'assombrissent jamais. Mais nous ne le croyons pas. Il est peu probable que Dieu vous exempte des peines qui sont le patrimoine venu du premier père. Les maisons sont rares qui ne connaissent pas l'épreuve, et ce ne sont pas les plus nobles. C'est, en effet, dans le malheur que le dévouement devient une généreuse vertu et que l'effort n'en est pas absent. Pour vous, comme pour tous ceux qui vous ont précédés dans nos mariages chrétiens, revivra dans les mauvais jours la grâce si forte et si douce qui se communique à vos âmes dans ce sacrement que vous allez recevoir, et que l'apôtre appelle si justement un sacrement grand dans le Christ et dans son Église.

Votre dévouement sera fécond. Comme la demeure du Patriarche, vos cœurs se dilateront, et, comme l'arbre dont parle le Roi-Prophète, vous connaîtrez sans doute de doux rejetons. Dieu vous enverra alors de grandes joies et de graves obligations. Alors la sollicitude fera son entrée dans votre maison, dont rien, jusque-là, n'avait troublé le charme pur et constant, et la paternité se placera entre vous deux, vous imposant ses austères devoirs. Nous comptons bien que Dieu ne peuplera pas votre foyer sans augmenter ses grâces et sans fortifier vos cœurs. Puisse-t-il, à ces jours, multiplier votre dévouement ! lui donner, pour les routes nouvelles qu'il devra parcourir, une force plus grande, et, pour des responsabilités jusqu'alors inconnues, des lumières plus vives ! Oui ! Chers Époux ! que Dieu vous accorde cette grâce vraiment admirable et fasse sortir de vous une génération forte et généreuse, qui soit votre joie, honore votre amour aux yeux des hommes, et devienne, aux confins de votre vie toujours dévouée, votre dernière et plus belle couronne !

Mais je veux, avec l'Église, que votre dévouement soit meilleur encore. Il faut qu'il jette ses racines profondes dans la foi, cette foi que, tous les deux, vous avez trouvée assise à votre berceau et qui abrita votre jeunesse d'un si salutaire ombrage. L'union qui se contracte ici n'est ni commune ni abaissée. C'est l'union de ce qu'il y a en vous de plus noble et de plus grand ; c'est l'union de vos âmes, et c'est là l'inimitable dignité de nos mariages. Unissez-vous donc par vos côtés les plus élevés et que, dès ce jour, s'établisse, entre vous, ce commerce surnaturel dont le reflet pourra seul faire de vous des époux chrétiens ! Unissez-vous pour la prière, pour l'amour de Dieu et de son Église, pour la pratique des commandements, pour le soulagement des pauvres, pour l'éducation chrétienne de ceux qui vous seront confiés. Croyez-moi ! que, sous ce rapport, il n'y ait rien qui vous divise ou vous sépare ! Adam, sorti de son mystérieux sommeil, s'écriait à la vue de l'épouse que Dieu lui donnait : « Voici l'os de mes os et la chair de ma chair ! » Vous, époux chrétien, dites une parole meilleure et, en contemplant votre jeune épouse dans la lumière de votre foi et la joie de son innocence, dites-vous : « Voici l'âme de mon âme ! »

Telle est l'union qui va s'établir entre vous ; tel est aussi, dans sa haute et étroite sainteté, le dévouement dont le devoir s'impose à cette heure, et pour de longues années, il faut l'espérer de la grâce de Dieu.

Pour vous, Monsieur, ce devoir n'est pas chose nouvelle. Dieu a placé votre enfance et votre jeunesse auprès du cœur d'une excellente mère, comme auprès de la source féconde où elles pourraient en puiser abondamment les nobles aspirations qui en préparent l'observance pour l'avenir. La mère, lorsque le deuil cruel d'un prématuré veuvage est venu la visiter, semble meilleure encore et Dieu multiplie en elle le dévouement. Il en a été ainsi, n'est-ce pas ? Monsieur, et l'on s'est si bien doublement dévoué pour vous que, vous-même, vous avez senti se doubler votre respect et votre affection ; et, à cette heure si solennelle, en repassant les années écoulées de votre vie, vous devez éprouver bien vives en vous les douces émotions d'une singulière reconnaissance.

Ce dévouement maternel, auquel plus tard venait s'ajouter, ou plutôt se mêler, celui des maîtres admirables dont vous êtes demeuré le fier et fidéle élève, vous a préparé à l'exercice de la charité et à de nobles fonctions dans les Conférences de Saint-Vincent-de-Paul. Je sais que vous aimez les pauvres ; que vous affrontez, sans trop les redouter, les rudes degrés qui conduisent à leurs mansardes. Vous êtes bien l'époux qu'il fallait à la pieuse enfant que je vois agenouillée si près de vous à cette heure, et ce m'est une joie véritable de bénir une union que les pauvres de Saint-Merry et de Saint-Leu saluent d'une reconnaissante prière. Heureux êtes-vous, Monsieur, de trouver sur le seuil de votre maison conjugale les vœux de ceux qui sont petits et qui souffrent.

Aujourd'hui, Dieu vous demande un dévouement plus facile et plus doux. L'aimable jeune fille, qui est à vos côtés, tend vers vous un cœur dont les besoins sont grands au moment où il lui faut quitter la maison paternelle. Ouvrez le vôtre, Monsieur, et versez dans le sien, comme dans une coupe aimée, tout ce qu'il y a eu de meilleur dans votre passé, tout ce qu'il y aura de noble et de généreux dans votre avenir !

Pour vous, bien Chère enfant, votre berceau n'a pas été atteint, d'aussi près du moins, par les deuils amers que la mort apporte avec elle. La bénédiction donnée à vos parents, au jour de leur mariage, s'est maintenue, se perpétuant dans plusieurs autres. Depuis votre baptême et votre première communion, vous avez grandi sous la double tutelle qui convient à l'enfant, à la jeune fille surtout. Votre père vous a été conservé dans une vie toujours honorée et dans laquelle, par le fait d'une noble carrière, les bienfaits vont toujours se multipliant. Et votre bonne mère est assise à vos côtés, terminant à cette même heure sa mission sur vous, mission dont l'accomplissement, n'est-ce pas? fut toujours si plein de tendre affection et de délicate sagesse.

Ce doit être pour une jeune fille, placée comme vous l'êtes aujourd'hui, sur le seuil de la maison qu'il lui faut quitter, une émotion bien singulière que de repasser les années, peu nombreuses encore, mais si chargées de bienfaits, qui se sont écoulées pour elle. Vous seule connaissez, à sa valeur vraie, l'abri providentiel auquel Dieu a daigné vous confier. Je ne puis, moi, pasteur, que vous dire sa bienfaisante expansion au dehors ; l'honneur réel et sincère dont votre père est entouré parmi nous, son utile et bienfaisante coopération aux choses de notre église, sa bienveillance pour nos personnes sacerdotales, sa généreuse sollicitude pour l'éducation chrétienne de nos enfants. De votre pieuse mère, je ne dirai rien, ne voulant pas ajouter à ses émotions d'aujourd'hui et ne me reconnaissant pas le droit de froisser toutes les modesties. L'Esprit-Saint, d'ailleurs, l'a dit quelque part : les œuvres de l'homme se louent aux portes de la ville ; l'éloge de la femme et de la mère se fait tout bas. Je sais ici bien des cœurs qui parlent dans le silence, beaucoup mieux que je ne saurais le faire tout haut.

Mais vous seule, chère enfant, pouvez savoir et pourriez redire les intimes secrets du toit qu'il vous faut quitter, les doux exemples qui vous y ont formée, et la tendre chaleur dont vous y fûtes si constamment pénétrée.

Tout cela vous engage, et tous ces bienfaits si providentiellement accumulés sous vos pas seraient peu de chose, si vous n'aviez pas su en tirer, comme l'abeille des fleurs, le suc généreux dont votre vie doit être remplie, et dont il va vous falloir nourrir la vie des autres.

Vous le ferez, bien Chère enfant, et Dieu vous en donnera la force ! La bénédiction qui vous attend au pied de cet autel, déjà si bienfaisant pour vous, va résumer, en les fortifiant, toutes les grâces du passé. Puisse-t-elle descendre abondamment sur vous, vous armer tous les deux pour les grands devoirs de l'avenir, durer longtemps, faire de vous des époux vraiment chrétiens, et surtout vous consacrer pour les noces éternelles !

H. PINAT,
Curé de Saint-Leu,
Chanoine honoraire de Valence.

Paris — Imprimerie F. Levé, rue Cassette, 17.